www.ingramcontent.com/pod-product-compliance
Lightning Source LLC
Chambersburg PA
CBHW080546220526
45466CB00010B/3051
* 9 7 8 1 6 7 6 3 9 2 7 1 2 *